AF261941

QUESTIONS

DE PRESSE.

PARIS. — IMPRIMERIE DE BÉTHUNE ET PLON,
rue de Vaugirard, 36.

QUESTIONS

DE PRESSE,

PAR

M. ÉMILE DE GIRARDIN,

ANCIEN DÉPUTÉ DE LA CREUSE.

> « Le problème de la liberté de la presse
> n'est pas si simple qu'on le présente. On n'a
> rien fait encore en disant qu'elle sera libre ;
> des paroles n'y suffisent pas plus qu'elles ne
> suffiraient pour donner tout d'un coup la
> liberté à un peuple esclave. »
>
> CUVIER, *Moniteur* 1822, p. 432.

PARIS.

—

1842.

DE

LA LIBERTÉ DE LA PRESSE

ET DU

JOURNALISME.

« Les maux occasionnés par la licence de la presse ont surpassé en Amérique tous ceux qu'on aurait pu redouter de sa répression. Il est impossible d'ajouter foi à quoi que ce soit qui nous arrive par une voie aussi dégoûtante. » JEFFERSON, *Correspondance*, IV, 282.

1838.

DE LA LIBERTE DE LA PRESSE

ET DU JOURNALISME.

On confond ensemble la liberté de la presse et le journalisme ; on a tort : le journalisme est une chose, la liberté de la presse en est une autre.

Le journalisme est une exploitation mercantile de l'opinion et des passions d'autrui, un atelier où se lamine le mensonge, une boutique où se débite l'erreur à l'enseigne et au profit de tel ou tel parti.

La liberté de la presse, telle qu'elle a été sagement définie par notre Charte constitutionnelle, est le droit que les Français ont de publier et de faire imprimer leurs opinions en se conformant aux lois.

Or, qu'y a-t-il de commun entre le droit de faire imprimer son opinion et le fait de publier des articles anonymes qui expriment une opinion n'appartenant en propre à personne et dont la responsabilité pèse sur un être collectif ?

La liberté de la presse est un droit politique. Le journalisme est une profession commerciale. La liberté de la presse est une institution ; la tyrannie du journalisme est une usurpation.

Le Français qui a des convictions religieuses , politiques et littéraires , qui éprouve le besoin de dire son avis sur les intérêts , les hommes ou les choses de son pays, et qui publie un écrit qu'il signe, exerce un droit qui lui est conféré par la constitution , il use de la liberté de la presse.

Le Français qui, n'ayant pu réussir à devenir avocat, médecin ou professeur, parvient à se faire admettre parmi les collaborateurs inconnus d'un journal pour y disserter sur toutes les questions les plus élevées comme les plus ardues de la politique et de l'administration,— ce qui est malheureusement trop facile puisqu'il n'est pas nécessaire pour cela d'avoir rien approfondi, d'avoir rien vu,— celui-là n'exerce pas un droit, mais une profession ; car il n'écrit pas pour satisfaire un besoin impérieux de son esprit , mais afin de pourvoir aux nécessités de son existence : celui-là fait du journalisme.

Ce qui vient d'être dit est encore plus vrai du Français qui signe ou qui dirige un journal ; celui-là , le plus souvent, adopte les opinions de ses rédacteurs, sans être en état de les discuter si elles diffèrent , de les rectifier si elles se contredisent ; peu lui importe qu'elles soient justes ou fausses : elles ont tort si l'abonné réclame contre

elles, elles ont raison si aucun ne manque à la liste
de renouvellement. Il n'a que cette base pour asseoir
son jugement. C'est là ce qui explique pourquoi les
journaux ne sortent jamais du cercle étroit de leurs
discussions, pourquoi ils y tournent sans cesse, va-
riant sans fin les mêmes banalités ; pourquoi il ne
s'y rencontre jamais une idée neuve, pourquoi il ne
s'y produit jamais une opinion spontanée, pourquoi
les mutations qui surviennent dans le personnel des
rédacteurs restent inaperçues des lecteurs. C'est, il faut
le dire, qu'un journal n'est pas fait par ses rédacteurs, mais par ses abonnés ; c'est qu'il n'y a pas à
Paris deux journaux où la préférence serait donnée
aux premiers sur les seconds, où une proposition
utile, mais aventureuse, l'emporterait sur une quit-
tance d'abonnement. Quand une nécessité existe, la
nier n'empêche pas de la subir ; disons donc ce qui
est vrai, aussi bien la vérité n'est jamais qu'une
question de temps, et la taire ce n'est au plus que
l'ajourner. Or, ce qui est vrai, c'est que le journalisme, s'il était fait autrement, ne vivrait pas un an.
Le journalisme est un commerce ; la loi l'a déclaré
tel. Veut-on qu'un journal prospère, il faut en con-
fier la direction à une de ces médiocrités qui vivent
aux dépens du parti qui les écoute. Veut-on l'anéan-
tir, il suffit de lui donner pour chef un homme su-
périeur et indépendant qui ait des convictions et des
idées. En théorie, ceci peut paraître un paradoxe ;
mais dans l'application ce n'est qu'un lieu commun

facile à expliquer. Déranger des opinions faites, contrarier des idées reçues, réformer des jugemens arbitraires, c'est exercer sur l'esprit de l'abonné une violence qu'il pardonne rarement, c'est le contraindre à douter de son infaillibilité, c'est troubler le repos de ses facultés intellectuelles et exiger d'elles un effort inaccoutumé, conséquemment pénible ; c'est, au lieu de le bercer en cadence, l'éveiller en sursaut ; en moins de mots, c'est le perdre à jamais. Le journaliste ne vit qu'à la condition de n'être rien par lui-même, de ne penser que par autrui, de s'assimiler l'abonné, de n'avoir ni la valeur du fond, ni l'éclat de la forme ; mais dès qu'il a dissipé son obscurité et dès qu'elle est devenue transparente, une vraie métamorphose s'opère en lui ; on le voit changer de nature et de langage ; l'autorité qu'il a acquise lui rend l'individualité qu'il avait abdiquée ; dès qu'il peut se dire que lorsqu'il écrit c'est lui-même qui pense, et non plus seulement le journal qui parle, il devient plus réservé et se fait de la liberté de la presse et de la dignité de l'écrivain une idée plus juste et plus haute ; l'injure et la personnalité, dont peut-être il avait abusé, n'excitent plus alors que son mépris ; il a cessé d'être journaliste il s'est élevé au rang d'écrivain. Mais parce que le journaliste s'est amélioré, il ne s'ensuit pas que le journalisme se soit ennobli. Ce qui se peut dire dans un bal masqué, dans une débauche nocturne, à la faveur du masque et à la clarté des bougies, le plus souvent ne saurait se répéter face découverte et à la clarté du jour. Ce que se permet d'écrire le journaliste qui ne quitte pas son masque, l'écrivain que met à découvert l'éclat de son talent ou la célébrité de son nom oserait rarement l'avouer ; c'est que la liberté de la presse est au journalisme ce qu'est la lumière du jour à l'obscurité de la nuit. Du journaliste il y a tout à craindre, car il n'a pas la responsabilité du mal qu'il peut faire ; de l'écrivain il n'y a rien à redouter, car il ne peut porter atteinte à la considération d'autrui sans nuire à la sienne.

Les choses sont ainsi et ne peuvent être autrement, par ces deux raisons souveraines :

Premièrement, parce qu'en France l'industrie du journalisme repose principalement sur une base essentiellement fausse, c'est-à-dire plus particulièrement sur les abonnemens que sur les annonces. Il serait désirable que ce fût le contraire qui eût lieu, et cela est facile à comprendre. Les rédacteurs d'un journal ont d'autant moins de liberté de s'exprimer, que son existence est plus directement soumise au despotisme étroit de l'abonné, qui permet rarement qu'on s'écarte de ce qu'il s'est habitué à considérer comme des articles de foi. C'est là une différence capitale qui existe entre les journaux français et les journaux anglais et américains. Ceux-ci sont, avant tout, recherchés pour leurs annonces et leurs nouvelles. Les doctrines et les opinions n'y sont qu'accessoires.

Deuxièmement, parce que la législation pénale et

fiscale qui régit la presse périodique est mal enten-
due, incomplète, incohérente, sans unité et sans
lien avec l'article 7 de la Charte constitutionnelle,
dont elle n'est pas ce qu'elle devrait être, le rigoureux corollaire. Le législateur a fait deux fautes
graves. Il a négligé l'institution, et il a consacré
l'usurpation, il a perdu de vue la liberté de la presse
et ne s'est préoccupé que de la tyrannie du journalisme ; il s'est laissé égarer par une funeste méprise
de mots qui ne saurait durer long-temps, car le
danger qui chaque jour s'aggrave fera cesser la
confusion. Toute la législation sur la matière est à
refaire dans un esprit nouveau : — définitions plus
exactes, moyens de répression plus efficaces, bases
économiques plus rationnelles.

Le journalisme qui prépare le triomphe de la
démocratie ne fait que hâter, à son insu, sa propre
défaite, ou tout au moins sa transformation ; car le
journalisme tel qu'il existe, et la démocratie telle
qu'elle s'annonce, seront incompatibles. Pour pouvoir gouverner l'une, il faudra nécessairement sacrifier ou améliorer l'autre, car la multitude toute-
puissante ne saurait se conduire sans prestige ; et
contre la force du nombre il n'y a que la supériorité
de l'esprit. Or, là où le journalisme n'accorde jamais
que la raison et la moralité puissent être du côté
du pouvoir, et affirment toujours qu'elles sont exclusivement du côté de l'opposition, il n'est aucune
autorité respectée, aucune forme de gouvernement

durable. Et ce que nous venons de dire ne sera pas seulement vrai pour la France.

La liberté de la presse n'est pas, ne saurait être ce qu'on a le tort d'appeler ainsi.

Ne respecter rien, ni la religion, ni la loi, ni la vérité, ni la fiction;

Tourner tout en dérision, institutions, hommes et choses;

Remettre sans cesse en question tout ce qui a été résolu, tout ce qui devrait l'être irrévocablement;

Dénaturer et obscurcir tous les faits;

Nier ou exagérer ce qui est vrai, affirmer ce qui est faux, rendre vraisemblable ce qui est imaginaire;

Dénigrer systématiquement tout ce que les autres louent, louer systématiquement tout ce que les autres dénigrent;

Isoler les actes des intentions qui les justifiaient, et les faits des circonstances qui les ont produits;

Traiter de tout sans approfondir rien;

Abaisser les grands caractères, élever les petits;

Construire à plaisir des réputations trompeuses, en démolir d'honorables;

Ravaler la dignité nationale en affectant pour elle une hypocrite susceptibilité;

Surprendre et divulguer les secrets de l'état, sous le prétexte de sollicitude pour la sûreté publique;

Rendre indélébiles toutes les taches, irréparables toutes les fautes;

Étaler complaisamment tous les scandales;

Faire servir à l'école du vice la publicité des tribunaux ; la travestir avec art et profit ; rendre divertissant ce qui attriste la société, et pathétique ce qui révolte l'humanité ;

Publier prématurément les actes d'accusation, sans attendre le jour des dépositions, des débats, et des plaidoiries, et sans autre raison que celle de satisfaire l'avidité publique ; livrer ainsi sans ménagement les prévenus et les accusés que la justice peut absoudre, à toutes les préventions de l'opinion, qui juge arbitrairement sur ses premières impressions, dont il est aussi difficile de la faire revenir qu'il a été facile de les lui donner ;

Se constituer juge souverain de la conscience et du verdict des jurés ;

Spéculer sur tout, sur l'honneur et la honte, le dénigrement et l'apologie, l'erreur et la vérité, le bien et le mal ;

Vivre d'injures et d'injustices, de diffamations et de calomnies ;

Ne reconnaître enfin d'autre Dieu sur la terre que l'abonné, et lui tout immoler pour se le rendre ou se le conserver propice : — les croyances les plus saintes, les idées les plus justes, les intentions les plus droites, les actions les plus honorables, les renommées les plus glorieuses !

Tout cela peut constituer le bon plaisir du journalisme, mais rien de cela ne saurait dériver du droit politique de « *publier et faire imprimer son opi-*

nion; » là s'arrête et doit s'arrêter la liberté de la presse.

Ayez, si vous le pouvez, une opinion ; publiez-la, si vous le voulez, mais avec les avantages, les inconvéniens et la responsabilité d'une opinion individuelle ;

Faites imprimer des pamphlets et des libelles, mais signez-les ;

Attaquez les institutions, altérez les faits, insultez les hommes, mais qu'on sache votre nom ;

A l'autorité que vous combattez, opposez la vôtre ;

Exercez votre droit de blâme et d'éloge, mais pour votre compte ;

Combattez l'immoralité, l'improbité, la corruption, la vénalité, l'hypocrisie, la versatilité, la faiblesse, mais la face découverte et sans visière qui vous cache ;

Portez bravement votre plume, et quand vous frapperez, frappez en soldat, non en meurtrier ; ne frappez pas dans l'ombre, mais au jour ;

Quand vous avez sciemment menti à la vérité, légèrement répandu des nouvelles fausses, qu'on sache à quoi s'en tenir sur la valeur et le poids de votre parole ;

Quand vous parlez au nom de la morale, de l'humanité, de la société, de la France, qu'on sache qui vous êtes, et quand vous jugez le monde, qu'il vous puisse juger ;

Si, comme vous le prétendez, vous exercez un

sacerdoce, ne vous cachez pas. Le prêtre ne se rend invisible que dans le confessionnal où il écoute; il se montre à tous les yeux dans la chaire où il parle.

Honorez-vous du titre d'écrivain, d'orateur, de professeur, mais non de celui de journaliste, car ce titre-là ne saurait honorer personne, car le journalisme n'est ni une profession, ni un métier, mais une prostitution de l'esprit qui l'énerve, qui pervertit le jugement le plus droit, déprave le goût le plus sain, corrompt la bonne foi la plus inaltérable, avilit la conscience la plus noble, abaisse les sentimens les plus élevés.

Nul, — ne fût-ce qu'une seule fois en toute sa vie, — n'a touché au journalisme sans une souillure, un regret ou un remords.

Le journalisme rend l'injustice si facile, l'ignorance si présomptueuse, l'envie si redoutable, la vengeance si prompte, qu'il faut être bien impassible, bien éclairé, bien modeste, bien généreux, pour résister au premier mouvement de son esprit, à l'emportement d'une idée, d'un mot, d'un trait, pour faire à un scrupule le sacrifice d'une phrase ardente qui n'a pas eu, qui n'aura pas le temps de refroidir !

L'écrivain qui signe ce qu'il a écrit avec préoccupation, relit avec réflexion ce qu'il a signé; il trouve en lui-même un juge; le journaliste n'en a pas et n'en a point à craindre. Hommes illustres, hommes d'état que nous connaissons, et qui par accident avez emprunté au journalisme son masque empoisonné qui donne le délire, l'avez-vous fait lorsque vous aviez une grande pensée à exprimer, une vérité courageuse à faire entendre, un avertissement utile à donner? — Non : d'une grande pensée vous faisiez un livre; d'une vérité courageuse, une brochure; d'un avertissement utile, un discours. Jamais vous n'avez recouru au journalisme que dans un intérêt de personne ou dans un moment de passion, que pour perdre un rival, trahir un allié, vanter un ami, ou vous louer vous-mêmes à votre gré; que pour appuyer ou déjouer une combinaison qui favorisait ou contrariait vos desseins. Il est rare, en effet, qu'on soit désintéressé lorsqu'on n'avoue pas ce qu'on a écrit; et quand on dissimule son nom, le plus souvent ce n'est pas par un motif dont la conscience ait à se louer.

Le mal que fait le journalisme, dites-vous, est amplement compensé par le bien qu'il fait. Alors il faut reconnaître que le journalisme est modeste, car il montre ouvertement le mal et cache soigneusement le bien.

Le bien, je le cherche avec bonne foi, et ne l'aperçois pas; le mal, je le vois partout.

Sans doute parfois le journalisme prévient un passe-droit, rend un abus plus timide, fait prévaloir un principe utile, proclame une vérité salutaire; mais aussi que de titres il déclare légitimes et qui ne le sont pas ! Que de passions mauvaises il fait fermenter! Que de préjugés il flatte

servilement ! Que de vérités il méconnaît ouvertement ! Que d'erreurs il propage ! Que de faux jugemens il rend ! Que de désordre il jette dans les esprits !
Que d'opinions consciencieuses il a égarées en leur
montrant un but où elles ne pouvaient atteindre, et
leur cachant un abîme où elles devaient s'engloutir !

Citez une liberté qu'il n'ait pas mise en péril en
la poussant à l'excès ;

Citez un principe d'autorité dont il ait professé le
respect en donnant l'exemple de la soumission ;

Citez une forme de gouvernement qu'il n'ait pas
décriée avec injustice ou vantée avec exagération ;

Citez une gloire qu'il n'ait pas laissé flétrir par
l'esprit de parti ;

Citez une vérité qu'il n'ait pas alternativement
proclamée et démentie selon le besoin de sa cause ;

Citez une grande œuvre qu'il ait faite et qui ne
soit pas une révolution ;

Citez un homme qu'il ait produit et qui ait apporté au pouvoir l'esprit de réforme qui l'avait fait
éminent dans l'opposition ;

Citez une critique sans personnalités, qui ne soit
jamais inspirée que par l'amour de l'art et de la
science, et le désir exclusif de les voir se perfection-
ner et s'ennoblir ;

Citez un journal, un seul journal, où la *Publicité* soit indépendante et impartiale, sans restriction
et sans alliage impur ; où la *Polémique* ait pour fin

le triomphe des principes avant celui des personnes.

Si ce journal existe, entre tant de journaux, nommez-le.

J'en sais d'autres où des hommes sans énergie poussent à l'anarchie pour se donner les dehors trompeurs du courage, les jouissances faciles de la popularité ;

J'en sais d'autres où des hommes sans moralité soupçonnent et accusent tous les dépositaires du pouvoir de ce qu'à leur place ils feraient sans scrupule, et qui jettent sur les épaules de leur ambition, pour en cacher l'indigence, le manteau d'un rigorisme emprunté ;

J'en sais d'autres où des hommes sans idées ont la candeur de se croire doués du génie des réformes, où des hommes sans conscience prétendent qu'ils ont des convictions ;

J'en sais d'autres où le pouvoir n'avait pas de censeurs plus rigides que les agens dont le journal payait les articles virulens, et la police les rapports fidèles.

Ne dites pas que je flétris à plaisir le journalisme, car je n'ai pas répété l'accusation la plus grave qu'il se prodigue si souvent à lui-même, celle de vénalité.

Le gouvernement est attaqué systématiquement par deux cents journaux, défendu conditionnellement par dix au plus ; cet avantage du nombre ne suffit pas aux premiers sur les seconds, il leur faut encore le monopole de la vertu, du désintéressement et de l'indépendance ; à les en croire, leurs adversaires seraient tous corrompus, subventionnés et serviles. Chaque jour ces deux cents journaux répètent cela des dix autres; voilà onc quels sont les auxiliaires du gouvernement, une poignée d'hommes suspects à l'opinion publique contre une multitude d'individus se décernant entre eux à pleines mains la popularité. Cette poignée d'hommes, de quelque courage, de quelque talent qu'on les suppose doués, ne saurait suffire à une aussi rude tâche que celle de réparer le mal fait sans relâche par leurs antagonistes. Trop d'avantages sont du côté de ces derniers. Ceux-ci descendent la pente, ceux-là la remontent.

Ne dites donc plus que le journalisme guérit les blessures qu'il fait. Les coups que vous portez et les plaies qu'ils laissent sont trop nombreux pour que quelques mains suffisent à les parer, suffisent à les panser. Le croire serait le fait d'un orgueil coupable, d'une présomption funeste. Cette illusion perfidement entretenue a déjà beaucoup trop duré. Il serait temps qu'elle se dissipât, si nous ne voulons tous un jour disparaître sous les ruines que nous faisons. Assez de décombres cependant sont autour de nous qui nous avertissent du danger.

Le journalisme est-il ce qu'il doit être? Ne peut-il devenir meilleur? Peut-il être pire? —Pire, cela est impossible. Meilleur, je le crois. Ce qui est certain, c'est qu'il n'existera jamais dans des conditions plus mauvaises, dans des temps où le lien de

l'autorité soit plus relâché, où il y ait à la fois plus
de demi-savans qui ne doutent de rien et d'ignorans
qui croient tout, où enfin la définition de la presse
soit plus fausse et la répression de ses délits plus
incomplète.

Le journalisme français repose sur un système de
garanties défectueux; d'un droit individuel ce système
a fait une raison commerciale. Il a grossi l'obstacle
qu'il voulait diminuer ; il a réuni ce qu'il devait disper-
ser ; il s'est écarté de la lettre et de l'esprit de notre
pacte fondamental , qu'il devait religieusement respecter. Il a fait du gouvernement un facteur du
journalisme ! La défiance d'une police ombrageuse
et maladroite a créé la centralisation de l'injure et
de la diffamation, la toute-puissance du journalisme.
Tandis que par une inconséquence puérile la loi
interdisait à plus de vingt personnes de se réunir,
l'administration des postes, moyennant une faible
taxe, distribuait journellement dans trente mille
communes cent mille feuilles attaquant plus ou moins
véhementement le gouvernement dans son principe
et dans ses actes.

L'impôt du timbre n'est pas mieux conçu. Variable selon le format des journaux , il a pour effet
de favoriser les petits et d'écraser les grands. Ç'est
le contraire qu'eussent fait des hommes compétens
et vraiment éclairés. Plus un journal est petit,
plus il laisse de prise à l'esprit de parti ; plus il est
difficile qu'il soit impartial; plus il est grand, plus

il est difficile, au contraire, qu'il soit partial, voulût-il l'être. C'est là un fait attentivement observé et dont l'exactitude a été vérifiée par l'expérience. L'impartialité veut de l'espace, et l'espace lui manque dans les journaux. Faute d'espace, il leur faut tronquer toutes les discussions législatives, tous les débats judiciaires, abréger tous les documens administratifs, retrancher les exposés de motifs des projets de lois, passer sous silence les travaux et les rapports des commissions, tout ce qui est enfin du domaine de la publicité, tout ce qui serait profitable à l'instruction politique du pays, tout ce qui aurait pour résultat de donner de la maturité aux esprits, de jeter de la clarté sur les intérêts généraux, qui sont loin d'être toujours bien compris. Sous ce rapport, il n'est pas douteux que la suppression de l'impôt du timbre n'améliorât politiquement le journalisme.

Les journaux français, sous l'empire de la législation actuelle, sont donc matériellement impossibles à bien faire. Dans des limites de format trop étroites on ne peut rien approfondir; on est contraint d'effleurer les questions les plus graves; il n'y a pas de place pour traiter les matières économiques; les intérêts s'excluent au lieu de se rapprocher; les personnalités abondent et les raisons manquent. La publicité des annonces, si profitable au commerce, est trop chère pour que celui qui se contente de gagner peu en supporte les frais : aussi est-elle seulement accessible à l'empirisme et à la librairie, qui vendent un prix exorbitant ce qui n'a, en réalité, qu'une valeur minime. Il s'ensuit que ce qui devrait être le principal est l'accessoire. De là cette tyrannie exercée par les abonnés sur les rédacteurs. Aussi le jour où l'abolition du timbre permettrait d'agrandir le format des journaux et de réduire considérablement le prix des annonces, serait-il pour les rédacteurs un jour d'émancipation. Plus indépendans de leurs abonnés, les journaux seraient alors moins injustes et moins violens. Cela n'est pas douteux.

En définitive, le journalisme français est ce que l'ont fait des lois fiscales mal conçues. Ses excès sont moins sa faute que celle de notre législation, qui est à la fois faible et vexatoire comme tout ce qui est arbitraire. Il est une erreur grave et commune, c'est celle de croire que les lois fiscales ne sont pas essentiellement politiques, et qu'il n'y a de politiques que celles désignées sans motifs par ce nom. C'est à une erreur de cette nature que la liberté de la presse est redevable de la perte de son véritable caractère de droit individuel, et le journalisme de sa puissance.

Deux choses abondent dans nos journaux : la polémique conjecturale et l'esprit de personnalité dirigé par l'esprit de parti. Deux choses y manquent: la publicité fidèle et la science politique inspirée par l'intérêt général.

La périodicité quotidienne exclut forcément tout

examen approfondi et impartial, toute investigation
laborieuse et consciencieuse. Tant qu'elle ne se bor-
nera pas strictement à la publicité des faits consom-
més, c'est-à-dire à la reproduction fidèle des actes
de l'autorité, des débats législatifs et judiciaires,
des faits administratifs, des nouvelles diverses préa-
lablement soumises à un mode d'information et de
contrôle régulièrement établi, pour un abus que
parfois elle attaquera avec équité et mesure, elle
ne fera que semer à pleines mains l'erreur, recueillir toutes les fausses doctrines, entretenir nos
rancunes personnelles et nos dissensions politiques,
étioler notre raison, abâtardir notre esprit, perver-
tir notre jugement, nous rendre enfin plus superficiels, plus injustes, plus passionnés que nous ne
naissons en France.

L'une de mes plus profondes convictions est que
la périodicité quotidienne porte une grave atteinte à
la civilisation, et s'oppose plus qu'on ne croit aux
progrès durables de l'esprit humain lorsqu'elle
confond à tort la *Publicité* avec la *Polémique*,
lorsqu'elle critique ou loue tout sans examiner rien,
juge sans compétence, décide sans conscience, tor-
ture sans pitié.

On ne dira jamais du journalisme autant de mal
qu'il en fait, et il lui est impossible de n'en point
faire. Un journal quotidien, quelque supériorité
qu'on suppose à l'homme qui le dirige, quelque
puissantes et exercées que soient les mains qui exé-

cutent sous ses inspirations, a d'impérieuses nécessités de temps et de grossiers appétits qu'il lui faut
satisfaire, et qui sont exclusifs de l'unité, de la mé-
thode, de la science et de la conscience.

Aussi les journaux n'abordent-ils jamais que très-
superficiellement les généralités et ne réussissent-ils
que dans les personnalités. S'il lui avait fallu examiner et savoir pour exister, le journalisme quotidien
serait encore à naître.

La *Publicité* est une garantie constitutionnelle
qu'on ne saurait trop étendre et trop respecter,
mais la *Polémique* est une transformation de la tyrannie qu'on ne saurait trop étroitement restreindre
et trop sévèrement réprimer ; c'est l'absolutisme
moderne tombé des mains d'un seul dans les mains
de plusieurs, avec toute son intolérance et moins sa
majesté.

Or, l'absolutisme ne peut se maintenir au sein d'un
gouvernement représentatif sans de graves pertur-
bations, sans accidens fréquens et sans le risque
permanent d'en briser les rouages déjà trop fragiles
et trop compliqués ! Aux difficultés que rencontrent
le développement de nos institutions, le progrès de
nos mœurs; au peu de fruits qu'ont portés dans
notre pays vingt-cinq années de paix et toutes nos
tentatives de réformes dynastiques et politiques,
comment ne voit-on pas qu'il est une force sociale
mal réglée qui met le désordre et l'instabilité partout, dans les esprits comme dans les choses? Com-

-ment ne voit-on pas qu'il est en France deux rois : — un roi constitutionnel « *qui règne*, » et un souverain absolu « *qui gouverne*, » alternativement courtisé comme un despote et maudit comme un tyran ? Comment ne voit-on pas qu'entre ces deux royautés aux prises, la lutte peut être longue, mais que l'issue n'en saurait être douteuse ? Comment ne voit-on pas cela ? Comment ne voit-on pas que la publicité est un mode de gouvernement tout nouveau, qui veut pour être réglé des moyens d'exécution nouveaux, et de nouveaux contre-poids pour être équilibré ?

Vainement des hommes énergiques tenteront de s'opposer à l'entraînement général ; vainement ils s'efforceront d'y résister eux-mêmes ; vainement ils se préoccuperont de réformes politiques ou administratives ; tous les efforts qu'ils feront seront stériles, toutes les lois qu'ils concevront seront impuissantes, tant que les bases sur lesquelles le journalisme existe en France n'auront point été changées, tant que la liberté de la presse n'aura pas été ramenée à sa véritable acception constitutionnelle.

Hommes d'état qui nous gouvernez et qui cherchez la raison de la perturbation morale qui vous désespère, avant tout sachez donc en vertu de quelles lois existe et s'exerce cette puissance absolue, empire sans frontières, qui a pour milice toutes les passions de la multitude, qui mène les peuples et qui dépose les rois.

DE LA PROPOSITION

DE

M. DE GOLBÉRY.

1842.

PROPOSITION DE M. DE GOLBÉRY

« Art. 1er. Il sera publié un bulletin des séances de la chambre des députés, dont la rédaction sera confiée aux secrétaires-rédacteurs, sous la surveillance et la direction du bureau de la chambre.

» Art. 2. Les exposés de motifs et les rapports des commissions sur les projets de loi ou les propositions y seront textuellement insérés.

» Art. 3. Aucune autre insertion n'y sera reçue.

» Art. 4. Ce bulletin sera adressé gratuitement à tous les électeurs du royaume.

» Art. 5. Si les rédacteurs des journaux le demandent, il pourra leur en être alloué des exemplaires aux conditions qui seront ultérieurement déterminées par le bureau.

» Art. 6. Ce bulletin sera exempt de timbre. L'envoi aux électeurs ne sera point taxé à la poste.

» Art. 7. L'organisation et l'administration de ce recueil sont confiées à l'autorité et à la surveillance du bureau. »

PROPOSITION ADDITIONNELLE.

« Un crédit de 300,000 fr. est ouvert au budget de la chambre des députés, exercice 1842, pour la publication du bulletin des séances de la chambre. »

Cette proposition est l'expression malheureuse d'une bonne pensée, d'un besoin que ressentent tous les esprits impartiaux. Louable dans son but, elle serait impraticable dans l'exécution. Le moindre de ses inconvéniens serait de coûter annuellement au trésor public plus de deux millions ; nous allons le prouver :

Ouvrons le *Moniteur universel*, et prenons la dernière session législative, celle de 1841. Les débats de la chambre des pairs ont occupé 1,160 colonnes ; ceux de la chambre des députés, 2,830, ensemble 3,990 colonnes ou 332 feuilles.

La feuille d'impression grand-raisin, format du *Moniteur*, tirée et pliée à grand nombre par les moyens les plus économiques, revient (1) à 3 centimes : 9 francs 90 centimes les 332 feuilles.

Donc, 332 feuilles envoyées aux 210,000 électeurs, coûteraient 2,079,000 francs, au moins, et en supposant les frais de composition compris dans ceux du tirage. Mais l'objection tirée de la dépense est la plus faible, la plus forte est celle-ci : — quels sont les électeurs qui auraient le temps et la patience de lire toujours douze, très - souvent vingt-quatre, et quelquefois trente-six colonnes d'une impression compacte ?

Pour réduire autant que possible les difficultés d'exécution et le chiffre de la dépense, nous supposerons volontiers que le compte - rendu des séances de la chambre des députés n'excéderait jamais douze colonnes ; nous supposerons que

______

(1) *De la Presse périodique au XIX⁰ siècle.*

« les secrétaires-rédacteurs sous la surveillance
« et la direction du bureau de la chambre » auraient assez de fermeté pour résister tous les jours
aux susceptibilités et aux prétentions des orateurs
qui auraient parlé la veille, et qui crieraient à la
mutilation de leurs discours alors même qu'on
n'aurait fait qu'en retrancher les redites et les incorrections ; nous supposerons plus encore, nous
supposerons que les deux chambres législatives se
mettraient d'accord pour se partager entre elles les
colonnes de ce bulletin, car évidemment, si cet arrangement n'avait pas lieu, la chambre des pairs
n'accepterait pas la condition d'inégalité devant la
publicité à laquelle la réduirait la publication d'un
compte-rendu des séances de la chambre des députés tiré à deux cent mille exemplaires ; elle voudrait aussi, et avec raison, avoir un bulletin de ses
séances imprimé en nombre égal ; imaginez donc
deux bulletins tirés ensemble à 420,000 exemplaires, et expédiés tous les jours aux 210,000 électeurs ! Il faudrait que l'administration des postes,
dont les malles aujourd'hui suffisent à peine déjà à
contenir les imprimés dont elle a le transport, re-
nouvelât tout son matériel, et augmentât dans une
proportion considérable son personnel d'employés
et de facteurs (1). Ce ne seraient encore là que des

____

(1) Sur 38,000 communes, il n'y en a encore que 19,000 qui soient
pourvues d'un service journalier de distribution.

Le personnel des facteurs ruraux ne s'élève qu'à 9,000. Il faudrait en détails, des difficultés d'exécution ; nous en ferions, nous, assez bon marché, car l'argent pourrait les aplanir et l'argent, quand il s'agit, pour un pays comme la France, d'atteindre un but utile, un but élevé, ne nous paraît qu'une considération accessoire devant laquelle on ne doit pas s'arrêter. Mais toutes ces suppositions admises, toutes ces difficultés réduites à leur plus simple expression, toutes ces dépenses restreintes ainsi à un *minimum* de deux millions de francs, quel résultat moral, quel but politique aurait-on atteint ? Quelles bornes aurait-on mises aux excès de la presse? Quelle amélioration aurait-on fait subir à son esprit ? — Si, à ce prix—même avec l'obligation de renouveler tout le matériel des postes et d'accroître considérablement son personnel — on pouvait faire que la liberté de la presse ne fût plus qu'un instrument de progrès, de pacification et de moralisation publique, sans doute il ne faudrait pas hésiter ; mais, encore une fois, le jour où la proposition de M. de Golbéry serait adoptée, si elle pouvait l'être, que changerait-elle aux conditions dans lesquelles s'exerce le journalisme ?

ajouter au moins 11,000 pour que les distributions se fissent quotidiennement dans toutes les communes, en général fort éloignées les unes des autres. Le traitement de ces facteurs est de 300 francs.

Le service des malles, telles qu'elles existent aujourd'hui, coûte. . . . . 7,500,000 francs.

Celui des embranchemens, ... 4,000,000

D'abord, sur les deux cent dix mille électeurs auxquels serait adressé le bulletin des séances législatives, combien en est-il qui savent lire? combien en est-il qui seraient en état de le lire? combien en est-il qui le liraient? Certes, plus de la moitié n'en détacherait pas même la bande d'adresse. A quel domicile les servirait-on? — A leur domicile politique ou à leur domicile réel? — Dans ce dernier cas s'est-on rendu compte de toutes les difficultés, de toutes les exigences de service, résultant de la mutation des listes électorales, des changemens de résidence et des réclamations pour cause d'inexactitude, par suite de mauvaise destination ou de négligence de la part des facteurs, etc.?

Ensuite, ce bulletin n'admettant aucune autre insertion que les exposés des motifs, les rapports des commissions et les débats législatifs, et n'étant envoyé aux électeurs que pendant la durée des sessions, quelle économie, quel avantage leur offrirait sa publication, puisqu'elle ne dispenserait pas ceux qui reçoivent un journal d'y rester abonnés, quelque dévoués qu'ils fussent d'ailleurs au gouvernement et à ce qu'on est convenu d'appeler les idées d'ordre?

Enfin, quel remède ce bulletin apporterait-il au mal que font les calomnies, les bruits mensongers, les fausses nouvelles qu'inventent les mauvais journaux, que répètent involontairement les meilleurs? — Aucun. — Quelles vérités opposerait-il à leurs

attaques injustes, à leurs faux systèmes, à leurs doctrines erronées, à leurs prétentions exorbitantes de
tout savoir, de tout contrôler, de tout diriger, d'être
seuls infaillibles ? Quelle force nouvelle donnerait-il
au gouvernement, aux institutions et aux lois, in-
cessamment battus en brèche par les partis ? —
Aucune. — A quoi donc servirait-il ? — Il serait à
craindre qu'il ne servît qu'à faire prendre en haine
et en dégoût le gouvernement représentatif.

Nous aurions bien encore d'autres objections à
présenter contre les termes de la proposition de
M. de Golbéry; mais celles qui précèdent suffisent
pour montrer qu'elle n'aboutirait qu'à une dépense
sans profit, qu'à un immense gaspillage de papier
sans résultat moral, qu'à rendre plus difficile et plus
lent un service public déjà difficile, et dont la célérité est, après la fidélité, la première obligation.
Quelque imparfaite qu'elle soit, cette proposition
cependant n'en aura pas moins eu son utilité : elle
aura servi à appeler l'attention des chambres et des
ministres sur la nécessité urgente, impérieuse, d'a-
méliorer, non dans l'intérêt des journaux, mais dans
celui du gouvernement et de la société, le régime
fiscal de la presse périodique, régime absurde, qui
a pour effet de rendre l'impartialité matériellement
impossible, et qui a donné forcément naissance à
l'abus contre lequel la proposition de M. de Golbéry restera comme une protestation.

Le mal signalé existe : qu'y a-t-il donc à tenter,

sinon pour le faire disparaître entièrement, du moins pour le rendre moins grand ? — C'est ce que nous allons essayer de dire, fidèle à notre habitude, qui a toujours été de n'attaquer une idée qu'en lui en donnant loyalement une autre pour adversaire; de n'exercer jamais la critique que de la façon dont on accepte un combat, armes égales, danger pour danger, et témoins des deux parts.

Il ne suffit pas qu'une idée soit juste pour que le succès en soit certain ; il faut encore qu'elle soit opportune, qu'elle ne soit ni prématurée ni tardive. Telle idée qui aurait réussi il y a dix ans échouerait aujourd'hui ; telle autre idée qui serait pleine d'avenir rencontrerait le présent pour obstacle insurmontable. Il est des moyens dont l'expérience exige de se servir à une époque, et dont plus tard l'habileté veut qu'on s'abstienne. La vérité d'un principe est absolue, mais la sagesse et l'utilité de son application sont relatives. Il ne faut pas seulement au levier un point d'appui, il faut encore que le point d'appui soit solide. Il y a deux saisons : une pour la semence, une pour la récolte; manquer l'une c'est manquer l'autre. Voilà ce qui explique comment une idée conçue par un homme d'esprit peut le ruiner, et, recueillie par un imbécile, enrichir ce dernier. Avant tout, il faut, pour réussir, que toute chose, même la meilleure, soit faite en son temps. Le succès est un roi absolu qui ne permet ni qu'on le devance ni qu'on le fasse attendre. Avec lui il faut être attentif au jour, à l'heure, à la seconde.

Le moment était opportun, le moment était propice, lorsqu'en avril 1831 celui qui écrit ces lignes remit à M. Casimir Périer, président du conseil des ministres, une note dans laquelle il lui exposait la nécessité, l'utilité de publier, au prix de CINQ CENTIMES LA FEUILLE (dix-huit francs par an), sous le titre de : .

BULLETIN FRANÇAIS

Des actes du gouvernement et des séances législatives,

un journal impassible, *registre de l'état politique,* exclusivement ouvert à la reproduction impartiale des débats législatifs, du texte des lois, des actes officiels et des nouvelles d'un intérêt général, ne contenant jamais que la rectification brève et sévère des faits erronés, sans apologies, sans attaques, sans commentaires.

M. Casimir Périer n'accueillit pas l'idée ; il répondit à l'auteur de la note que c'était attribuer à tort au principe du bon marché une puissance qu'il n'avait pas ; que les partis ne comptaient point lorsqu'il leur fallait satisfaire leurs passions ; que si bas qu'en fût le prix, personne ne voudrait s'abonner à un journal qui serait ainsi publié sous les auspices du gouvernement.

L'auteur de la note insista, mais vainement, sur les avantages :

« 1° D'appeler directement, par une transmission

rapide, économique et sûre des communications officielles et des nouvelles authentiques, le pays à juger lui-même les hommes et les actes du pouvoir, avant que son esprit ait déjà reçu une prévention étrangère ;

» 2° De faire disparaître beaucoup de divisions et de démarcations de partis que la presse périodique, pour s'alimenter, est contrainte d'entretenir ;

» 3° De former une opinion publique plus éclairée, plus indépendante et plus impartiale ;

» 4° De substituer la PUBLICITÉ IMPASSIBLE et VÉRIDIQUE à la POLÉMIQUE PASSIONNÉE et FALSIFICATRICE ;

» 5° De détruire tous monopoles mercantiles de l'opinion publique, en restituant à chacun la liberté de ses opinions sur les faits. »

Il dit :

« Que l'habitude de lire un journal était devenue un besoin général, mais que ce que le plus grand nombre des lecteurs y recherchaient, ce n'étaient pas les articles de discussion, mais les nouvelles et les faits divers ; que les opinions ardentes étaient en minorité, les bourses économes en très-grande majorité ; »

Il ajouta :

« Qu'une feuille à un sou par jour qui serait exactement et rapidement instruite, qui recevrait *vingt-*

quatre heures avant tous les autres journaux les dépêches télégraphiques, *les nominations à tous les emplois*, les communications officielles, toutes les nouvelles sûres, — où seraient mentionnés : les plus dignes productions de l'esprit et du talent, — les découvertes des sciences, — les chefs-d'œuvre des arts, — les progrès de l'agriculture, — les perfectionnemens de l'industrie, — dont le cadre enfin serait assez varié, assez complet pour que l'intérêt qu'excite parfois une polémique vive pût se reporter sur une autre partie, aurait d'abord pour abonnés tous les fonctionnaires publics de tous degrés, tous les hommes impartiaux et véritablement indépendans, et qu'elle ne tarderait pas à avoir à elle seule autant de lecteurs au moins que toutes les autres feuilles réunies ; que le gouvernement aurait alors un moyen efficace d'opposer la vérité au mensonge, la clarté du fait à l'obscurité du commentaire ; »

Il démontra par des chiffres irrécusables :

« Que l'article 16 de la loi du 16 brumaire an VII, titre 3, pouvant à la rigueur s'appliquer à la publication d'un bulletin des actes du gouvernement et des séances législatives, et ce bulletin n'ayant ainsi légalement à supporter ni droit de timbre ni frais de poste, ne reviendrait qu'à 10 fr. 95 cent. par an ; que s'il avait cent mille abonnés, comme cela n'était pas douteux, ces cent mille abonnés rapporteraient 700,000 fr., lesquels suffiraient, et bien au delà, au paiement des frais de composition , de rédaction, quelque chèrement rétribuée qu'elle fût, et de remises aux directeurs des postes ; »

Il expliqua :

« Que les numéros du bulletin pourraient être envoyés en compte à tous les directeurs des postes , qui à leur tour le donneraient en compte à leurs facteurs ; ce qui aurait l'avantage de supprimer toutes les complications d'abonnement et de réabonnement, toutes les réclamations , tous les détails administratifs et minutieux de l'inscription des noms, de la mise sous bandes, des changemens de domicile, etc., etc.; le directeur des postes étant tout simplement débité chaque jour par son administration du nombre d'exemplaires qui lui serait servi. Ainsi tout était prévu et rien n'était plus simple. »

Il exposa enfin en ces termes la question qui fait l'objet de la proposition de M. de Golbéry :

« Les deux chambres législatives ne seraient pas moins intéressées que le gouvernement à la constitution d'une grande publicité ainsi légalement et économiquement établie ; évidemment celle que reçoivent leurs débats par la voie du *Moniteur* est insuffisante et illusoire , bien qu'elles s'imposent annuellement d'assez grands sacrifices ;

» Assurément la fidélité littérale des débats législatifs a une grande importance historique ; mais la fidélité analytique des discours, lorsque leur étendue exige cette manière de les reproduire, est d'une utilité actuelle bien plus grande, puisque c'est elle qui, le plus souvent, concourt à former et l'opinion publique et le jugement que portent les électeurs sur leurs mandataires ;

» Ces deux nécessités seraient également prévues et satisfaites ; il ne serait apporté aucun changement dans la publication et dans la propriété du *Moniteur universel*, qui, par son mode de rédaction textuelle, conserverait son authenticité et sa valeur historique ;

» Conséquemment, pendant la durée des sessions législatives, deux rédactions fidèles des débats parlementaires seraient faites : l'une textuelle, qu'en raison de son étendue le *Moniteur* lui seul continuerait de publier ; l'autre sommaire, mais fidèle, expressément réservée au *Bulletin*, et calculée pour n'occuper que l'espace accordé au compte-rendu des chambres par les principaux journaux ; cette dernière rédaction, ainsi réduite à la proportion moyenne de deux pages (six colonnes), pourrait être exactement transmise chaque soir en épreuve à tous les journaux quotidiens ;

» De ce service, deux avantages résulteraient :

» Le premier, — que les journaux de bonne foi auraient le moyen de collationner sûrement la version de leurs rédacteurs, qui matériellement ne saurait jamais être aussi parfaite que la rédaction recueillie au pied de la tribune législative ;

» Le second, — que les journaux sans bonne foi ne pouvant alléguer d'excuse de leur infidélité, leur partialité serait alors placée dans l'alternative, ou de se déguiser, ou d'être manifeste à tous les yeux. Il ne serait pas impossible qu'un aussi faible soin, pris dans l'intérêt de la vérité, prévalût en raison de l'économie importante qu'il permettrait à beaucoup de journaux de faire sur leur budget ; en tout cas, cet essai serait sans inconvénient. »

Parmi les successeurs de M. Casimir Périer au ministère de l'intérieur, il ne s'en trouva pas un seul qui eut le temps de consacrer un jour ou deux à l'examen approfondi d'une proposition qui, si elle avait été adoptée en 1831, aurait peut-être changé l'esprit du journalisme et du pays, et, par suite, prévenu les crises qui ont mis plus d'une fois nos institutions en péril !

Tous les journaux que n'eût point soutenus un vrai et solide mérite de rédaction n'auraient pu vivre long-temps d'articles fondés sur des conjectures sans fondement, de commentaires mensongers et de fausses nouvelles ; le grand jour d'une immense publicité les eût tués.

La *Presse*, ni conséquemment le *Siècle* à sa suite, n'eussent paru ; le principe auquel ces deux journaux ont dû leur succès sans exemple leur eût fait défaut.

Aujourd'hui les choses ne sont plus dans l'état où elles étaient en 1831. A cette époque, le prix des journaux politiques quotidiens n'avait pas été réduit de moitié, une foule de publications à bas prix n'avaient pas vaincu l'incrédulité du public, incrédulité qui, loin d'être un obstacle, était au contraire un moyen de vogue et de popularité. Le principe du bon marché enfin avait encore toute sa virtualité, toute l'énergie d'action que les choses et les idées tirent en France de la nouveauté, énergie qu'émousse l'usage, même le succès.

La publication d'un *Bulletin des actes du gouvernement et des séances législatives*, format de 3o décimètres carrés (1), ne coûtant qu'un sou par jour, — 18 francs par an — n'aurait donc plus en 1842 autant d'élémens de réussite qu'en 1831 ; toutefois nous croyons que si tout esprit de parti, toute apologie ministérielle en étaient rigoureusement exclus ; que si le cadre, tel qu'il avait été soumis à M. Casimir Périer, en était consciencieusement rempli ; que si la direction, enfin, en était donnée à une main ferme et exercée, le nombre des souscripteurs de ce bulletin s'élèverait encore rapidement à plus de cent mille.

Le temps a marché depuis onze ans ; aujourd'hui

(1) Ce format est celui du *Moniteur universel* et de la *Presse*.

il y a autre chose à faire. —Quoi ?—Avant de passer à l'examen de cette question, disons d'abord quels sont les moyens de publicité dont le gouvernement et les chambres législatives disposent :

Le gouvernement dispose du *Moniteur univer-sel* ; il est, depuis le ministère du 1er mars, propriétaire du *Messager*.

Le premier de ces deux journaux se tire à deux mille exemplaires ; le second à mille : ensemble trois mille.

Sous l'empire, à plusieurs époques de la restauration et pendant le ministère de M. Casimir Périer, toutes les fois que le gouvernement avait à porter à la connaissance de la France la nouvelle d'un fait important, une déclaration solennelle, un avis utile, une instruction adressée à une classe de fonctionnaires publics, c'est par la voie du *Moniteur universel* que le pays l'apprenait. Le *Moniteur* exerçait alors une grande autorité, et ses moindres paroles avaient un grand retentissement. Il existe encore aujourd'hui une publicité officielle, mais il n'y a plus, — et nous le regrettons, — de publicité solennelle ! Le *Moniteur* ne fait plus qu'enregistrer, avant le *Bulletin des Lois*, les ordonnances royales et les nominations ministérielles, et que reproduire le lendemain les dépêches télégraphiques et les articles publiés le soir par le *Messager*.

Le *Moniteur universel* n'a donc plus en réalité maintenant d'autre spécialité que celle qu'il tire de la fidélité et de l'étendue avec lesquelles il rend compte des débats, des rapports et des travaux des deux chambres. Cette spécialité, dans l'état actuel des choses, suffit cependant encore pour lui conserver sa valeur et son utilité historiques.

L'existence du *Messager* soulève une grave question, celle de savoir s'il n'y a pas plus d'inconvéniens que d'avantages dans la publication d'un journal du soir dont la responsabilité est assumée par le gouvernement.

En effet, si le journal hasarde une critique sur le discours ou le vote d'un député, ce député est fondé à s'en plaindre, même à la tribune, et à demander compte aux ministres de cet emploi de l'argent des contribuables, servant à payer des attaques dirigées contre un représentant du pays; si, au contraire, le journal loue un député de son talent ou de son courage, rarement ses collègues s'en montrent satis-faits; ainsi, quoi qu'il dise, un journal du soir, publié aux frais du gouvernement, est taxé d'injustice ou de complaisance. S'il s'agit de ministres auxquels il ait décerné l'éloge, l'apologie est bien plus suspecte encore; on dit qu'elle a été payée, et qu'elle n'est pas plus vraie qu'elle n'est désintéressée. Si le journal s'abstient d'exprimer aucune opinion, de discuter aucune doctrine, on se récrie qu'il est insignifiant. Donc, quoi qu'il fasse, qu'il parle ou qu'il se taise, il ne trouve que des gens qui le blâment, et qui prétendent qu'il est inutile ou compromettant. Des deux partis à prendre, celui du silence et de la réserve est encore le plus prudent ; aussi est-ce celui-là que le *Messager* a choisi. Mais, dit-on, un journal est fait pour parler et non pour se taire ; sans doute : la conclusion de ce qui précède est donc qu'il n'y a de journaux du soir possibles que ceux qui n'ont aucun caractère officiel, et à la rédaction desquels le gouvernement demeure entièrement étranger.

Autre chose encore : — les chambres, et c'est surtout pendant le temps de leur session qu'un journal du soir a de l'importance et de l'intérêt, — les chambres voient rarement finir leurs séances avant six heures du soir, quelquefois plus tard. La concurrence oblige le journal de paraître en toute hâte entre huit et neuf heures. Quels rapports utiles peuvent, dans ces deux heures, s'établir entre le journal et le ministre ? — Aucun. — Le journal est donc forcément livré à lui-même, à sa seule impulsion et au gré de tous les incidens du jour. Voici maintenant l'inconvénient le plus grave. Quand un cabinet pourrait naturellement se taire, il y a des cas où l'existence d'une feuille du soir le force à s'expliquer, car autrement le silence l'exposerait à des interprétations qu'il peut être prudent et nécessaire de prévenir Nous sommes d'avis que lorsqu'on peut avoir toute sa soirée au moins et souvent toute la nuit pour réfléchir, c'est une faute de ne se donner que deux heures, et encore quelles heures ! celles où l'on est sous le poids des fatigues de la journée, où l'on peut avoir des courriers à expédier, des personnages importans à dîner, où l'on peut s'être soi-même engagé, les heures enfin où l'on s'appartient le moins.

Un journal semi-officiel du soir ne justifierait l'utilité de son existence qu'autant qu'il ne paraîtrait que pendant le temps de la session des chambres, et que rien, absolument rien, ne serait épargné pour qu'il pût donner le compte-rendu abrégé, mais substantiel, des séances législatives, avec autant de fidélité que de rapidité. Pour cela, il faudrait : — premièrement, qu'il eût autant de rédacteurs que le *Moniteur universel*, et à tout prix les meilleurs ; car obligé, il est vrai, à rendre compte des séances avec moins d'étendue, il serait tenu à le faire avec plus de célérité ; — deuxièmement, qu'il eût un double atelier de compositeurs voisin de chacune des deux chambres, afin qu'une heure après la clôture des séances il fût en mesure de délivrer des épreuves parfaitement revues et corrigées à tous les journaux à qui il conviendrait d'en faire prendre, soit pour collationner leur propre compte-rendu, soit pour en tenir lieu. On comprend que si une feuille du soir donnait ainsi les séances des chambres avec une étendue variable qui n'excéderait jamais, en moyenne, six colonnes, aucun journal ne pourrait entreprendre de lutter de fidélité, et qu'il n'y aurait rien de mieux à faire que de renoncer à une dépense inutile. On ne se plaint pas des rédacteurs du *Moniteur*. La feuille du soir pourrait en avoir de non moins sûrs. Des hommes exercés, soigneusement choisis, bien rétribués, ne peuvent-ils abréger un discours en le condensant sans le mutiler ? — Est-ce qu'on mutile les toiles et les statues dont on opère ce qu'on appelle des réductions ?

Tout autre rôle à remplir par une feuille semi-officielle du soir, quelque habile que soit son rédacteur en chef, n'en fera jamais qu'un journal parfois dangereux, le plus souvent insignifiant. Ce que nous venons d'écrire, il y a six ans que nous l'avons dit pour la première fois, quand le ministère du 6 septembre fonda la *Charte de* 1830 !

En réalité, le gouvernement ne dispose donc que d'une publicité illusoire, et n'a de défenseurs sérieux dans la presse que des journaux indépendans de lui, alors même que le concours qu'ils lui prêtent n'est pas toujours entièrement désintéressé.

Cet état de choses, cette inégalité entre la défense et l'attaque, cette anomalie d'un gouvernement qui paie ou qui prie un journal afin d'en être protégé, a préoccupé beaucoup de graves esprits. Plusieurs systèmes ont été émis et discutés. Passons-les rapidement en revue !

FONDATION D'UNE PRESSE DITE GOUVERNEMENTALE. Un publiciste éminent dont le caractère et le talent étaient respectés de tous ses adversaires, M. Henri

Fonfrède, a plusieurs fois soutenu l'opinion que le gouvernement devait fonder un journal à la rédaction duquel seraient appelés les écrivains les plus distingués. Séduisante peut-être en théorie, cette idée, si l'on en eût tenté l'application, n'aurait pas compté une année d'existence.

Prétendre qu'il serait possible de fonder un journal consacré à défendre les principes fondamentaux de gouvernement, et de le rédiger comme on professe un cours d'histoire ou d'économie politique, en se plaçant au-dessus de toutes les influences, de toutes les préoccupations, de toutes les considérations ministérielles, est une erreur profonde ; ce qui étonne, c'est que de grands esprits l'aient partagée. Comment ne voit-on pas que si une entreprise aussi chimérique pouvait se réaliser, les ministres ne seraient plus que des incapables placés sous la tutelle et la censure d'une sorte de tribunal composé d'écrivains irresponsables et, de ces deux choses l'une, ou révocables ou inamovibles ?

Si l'on admet qu'ils seront révocables, tout le système croule ; on n'aura plus que des écrivains à la solde d'un ministère ; ceux qui ne fléchiront pas se retireront ; si l'on admet qu'ils seront inamovibles, il faudra admettre aussi qu'ils seront infaillibles, et que, soit qu'ils louent, soit qu'ils blâment, dans l'un comme dans l'autre cas ils n'auront jamais tort.

Or supposez qu'un tel journal ait été fondé il y a

seulement cinq ans, et que ses rédacteurs, au nom de tous les principes de gouvernement, aient condamné la coalition parlementaire de 1838 ; quelle eût été leur conduite, quel eût été leur langage quand ils auraient eu plus tard à s'exprimer sur les divers cabinets à la formation desquels nous avons assisté depuis trois ans ? — S'ils avaient vanté M. Thiers, loueraient-ils M. Guizot ? — Mais alors ce journal ne différerait en rien de ces feuilles qui n'ont d'autre moyen d'existence que la subvention qu'elles reçoivent humblement. Ses rédacteurs seraient sans autorité sur l'opinion publique.—L'attaqueraient-ils ? — Mais alors il y aurait antagonisme entre eux et la majorité des deux chambres. Une telle idée, on le voit, n'aboutirait qu'à la constitution d'un pouvoir anarchique ou fragile.

Mais, dit-on, ce n'est pas ainsi que les choses se passeraient ; toutes les fois que le ministère changerait, le personnel du journal gouvernemental serait aussi changé ; chaque nouveau cabinet se ferait accompagner par un nouvel état-major d'écrivains. Nous répondrons : — premièrement, il ne faut pas croire que les écrivains qui ont du savoir et de la conscience pullulent ; — deuxièmement, quels sont les écrivains de quelque mérite qui consentiraient à accepter une position aussi précaire ? — troisièmement, quand le ministère qui succède à celui qu'ils auraient soutenu les aurait congédiés, où iraient-ils ? — quatrièmement, tous les journaux établis ont leurs rédacteurs, et les mutations y sont rares ; il faudrait donc mettre l'état-major licencié en disponibilité avec un traitement, une sorte de demi-solde ? — cinquièmement, si le personnel de rédaction changeait ainsi à chaque changement de cabinet, l'état, finalement, aurait donné beaucoup d'argent, se serait grevé de beaucoup de charges, pourquoi ? — Pour veiller sur les principes immuables de gouvernement ? — Non ; mais pour défendre des intérêts ministériels nécessairement divers et souvent opposés. Quelques moyens que vous employiez, vous voyez donc que tous vous ramènent à la même conclusion, à publier un journal sans indépendance, conséquemment sans autorité, et que ce système ne soutient pas même un examen superficiel.

Droit d'insertion. Un autre système a été proposé comme étant doué d'une puissance égale à la facilité de son exécution ; ce système consisterait dans l'usage journalier, constant, rigoureux, du droit que donne au gouvernement l'article 18 de la loi du 9 septembre 1835, disposition qui n'est d'ailleurs que la reproduction des articles 8 de la loi du 9 juin 1819 et 11 de la loi du 25 mars 1822, et qui a pour effet « d'obliger tout gérant d'insérer » en tête du journal les documens officiels, relations » authentiques, renseignemens et rectifications qui » lui seront adressés par tout dépositaire de l'auto- » rité publique ; publication qui devra avoir lieu

» le lendemain de la réception des pièces, sous
» la seule condition du paiement des frais d'in-
» sertion. »

L'expérience de ce système a été faite, avec
timidité il est vrai : on a vu ce qu'il a produit.

Les gérans qui se mettent dans le cas de recevoir
de pareilles insertions par ministère d'huissier, les
placent bien en tête de leur feuille, ainsi que le veut
la loi; ils obéissent à sa lettre, mais ils éludent son
esprit; ils agissent comme s'ils ne faisaient que céder
à la violence; ils impriment le protocole de l'huissier
et jusqu'à sa signature; ils suppriment la division
de la justification par colonnes et étalent les lignes
sur toute la largeur de la page, de sorte qu'on ne
peut plus lire qu'avec grand'peine, et que l'effet
moral de ces insertions obligatoires est entièrement
manqué, et plutôt fâcheux que favorable. Interrogez
les abonnés de ces journaux, et vous vous convain-
crez que le résultat de telles insertions, ainsi faites
sans loyauté, n'est pas de ramener le lecteur à la vérité, de l'éclairer, mais au contraire de l'indisposer,
de l'irriter un peu plus encore contre le gouvernement. Il est si rare qu'on ne justifie pas les préventions dont on est l'objet, en s'efforçant trop de les
vouloir détruire!

Mais l'exécution de la loi ne rencontrât-elle pas,
de la part des journaux hostiles au pouvoir, l'opposition et la mauvaise foi dont nous venons de parler,
qu'il ne serait pas encore vrai que la disposition qui

donne au gouvernement et à ses agens le droit de répondre en tête de la feuille où ils ont été attaqués, constituât un bon système de presse gouvernementale.

Si le gouvernement, ainsi qu'il le fait aujourd'hui, se borne à l'insertion de quelques démentis, de quelques rectifications, qui malheureusement ne sont pas toujours donnés, même par lui, avec franchise et bonne foi, à quoi aboutit la faculté qu'il possède? — A faire naître, pour peu de chose, en vérité, l'incrédulité quand il parle, à se faire accuser d'aveu tacite quand il garde le silence. Si le gouvernement, — comme on le propose dans le système que nous discutons, — étend l'exercice de cette faculté jusqu'à charger un corps d'écrivains de la mission de réfuter le lendemain dans chaque journal l'article de la veille qui leur aura paru ou faux en principe, ou erroné dans les détails, ou inconvenant dans la forme, voyons où conduit ce système:

Incontestablement ces écrivains n'auront le droit de répondre qu'autant qu'ils représenteront le gouvernement, qu'ils parleront en son nom; c'est un point qu'il importe d'abord d'établir, parce qu'il est la pierre angulaire de tout l'édifice. Vous faites donc descendre le pouvoir dans l'arène !

Le signal est donné; le public attend, la lutte va s'engager. Êtes-vous bien sûrs d'abord que le public ne sera pas un juge partial, et ensuite que les écrivains, sur lesquels pèsera le préjugé d'écrivains subventionnés, d'écrivains sans conscience et sans indépendance, sinon sans mérite et sans verve, êtes-vous bien sûrs qu'ils seront toujours les plus forts, les plus habiles, les plus souples ? — Le jour où le public s'écriera qu'ils sont vaincus, qu'ils ont manqué de force, d'adresse, d'agilité, croyez-vous que ce jour-là le pouvoir aura beaucoup gagné dans les esprits en autorité, en dignité et en respect ?

Le jour où une de ces incorrections de langage, une de ces erreurs de date ou de lieu, comme il en échappe si souvent dans l'ardeur d'une polémique qui n'a jamais le temps de vérifier ce qu'elle avance, aura été commise par un de ces écrivains, la presse tout entière se soulèvera contre lui, elle ne trouvera pas assez de sarcasmes pour l'en accabler. Il sera rendu célèbre par les surnoms qui lui seront infligés. Qu'aurez-vous fait ? — Vous aurez donné au peuple le spectacle d'un esclave livré aux bêtes du cirque.

Ce dur métier d'esclave, quel est l'écrivain de mérite, conséquemment pouvant vivre plus ou moins modestement du travail de sa plume, qui voudra l'accepter ? — Pour soutenir une telle lutte quels sont donc les écrivains que recrutera le pouvoir ? — Des hommes sans indépendance, sans énergie, sans talent, que la faim ou la prodigalité lui livrera : des athlètes toujours battus.

Ce n'est pas tout encore : — si l'article de la veille était écrit en termes inconvenans, injurieux, dans quels termes sera conçue la réponse ? — Le pouvoir usera-t-il de représailles ? — S'abaissera-t-il jusqu'à l'injure? — S'il ne s'écarte jamais de la réserve et de la modération, sa réserve et sa modération seront-elles appréciées? ne dira-t-on pas que sa polémique est faible et décolorée?

Ne sera-ce pas un moyen d'éterniser toutes les discussions? Une fois le pouvoir et le journal aux prises, l'un et l'autre ne se feront-ils pas une sorte de point d'honneur d'avoir chacun le dernier mot? — Lequel des deux se résignera à passer pour battu?

Et s'il ne s'agit pas seulement de rectifier des faits, de repousser des injures, mais de discuter des principes, avez-vous mesuré toute l'étendue de la responsabilité qui s'étendra sur le pouvoir dans le passé, dans le présent et dans l'avenir? Celui-ci l'engagera le même jour dans une voie, celui-là dans une autre. On ne manquera pas l'occasion d'exploiter leur rivalité et leur opposition, de se servir des argumens du premier pour confondre et écraser le second. Il n'existe à Paris que deux chaires d'économie politique, l'une au Collége de France, l'autre au Conservatoire des arts et métiers : les deux professeurs sont-ils d'accord? — Comme, au bout de quelques années, tout aura été dit, le passé sera un arsenal inépuisable où tous les adversaires du gouvernement n'auront qu'à chercher pour y trouver des armes. Pour qu'un tel système fût praticable, il faudrait qu'il y eût une orthodoxie constitutionnelle! Attendez qu'elle existe!

Signature des articles. Puisque nous parlons des divers systèmes de presse, disons incidemment ici quelques mots de celui qui consisterait à exiger que tous les articles d'un journal fussent signés. Cette obligation, en admettant qu'une loi pût l'imposer, aurait-elle pour effet, ainsi qu'on l'a prétendu, de régénérer la presse et de mettre un terme aux excès et aux dangers du journalisme?

Un article de doctrine, s'il est faux, en sera-t-il plus vrai parce qu'il portera le nom de son auteur? — Les lecteurs auxquels cet article s'adressera seront-ils pour cela des juges plus éclairés, plus compétens? Ce que la raison sociale du journal y perdra peut-être, la renommée et l'influence de l'écrivain le gagneront sûrement. Au lieu d'avoir des journalistes anonymes, on aura des journalistes célèbres, comme il existe au palais des avocats dont le renom est déjà un argument en faveur de la cause dont ils ont accepté la défense. Le journal et le journaliste n'en seront pour cela ni plus ni moins dangereux. Lorsqu'un auteur aura fait un article au bas duquel il ne voudra pas mettre son nom, comment la loi l'y contraindra-t-elle? Croyez-vous que le jour où il conviendrait, soit à M. Thiers, soit à M. Guizot, de faire un article contre leur prédécesseur ou leur successeur au ministère, ces deux historiens ne trouveraient pas facilement un éditeur qui en acceptât la responsabilité, c'est à-dire le mérite? Il se créerait aussitôt des signataires d'articles comme il existe aujourd'hui des

gérans de journaux. Vous ne voulez pas de fictions;
or, votre système ne ferait qu'accroître le nombre
de celles que la loi a déjà consacrées!

Avez-vous aussi songé au danger des réputations
usurpées qui en seraient la conséquence? Tel qui
passerait pour avoir fait les articles les plus remarquables pourrait bien n'être qu'un sot et un ignorant.
Que de geais se pareraient des plumes du paon!

Supposez que tout ce qui vient d'être dit ne soit
qu'exagération dont il ne faille pas tenir compte, et
passons à d'autres objections plus graves.

Quand vous aurez astreint chaque auteur à signer
son article, ou, pour parler plus exactement, chaque
article à porter un nom d'auteur, d'abord il vous
faudra définir ce que vous entendrez par articles ;
ensuite, qu'aurez-vous fait?

Cela fera-t-il que le compte-rendu des chambres,
qui occupe souvent quarante-huit colonnes du *Moniteur*, soit désormais plus complet dans les journaux qui ne peuvent y consacrer que trois colonnes
au plus? — Cela fera-t-il que la publicité qu'ils
donnent aux scandales judiciaires soit plus édifiante?
— Cela fera-t-il que les meurtres, les vols, les at-
tentats aux mœurs, les suicides, y occuperont moins
de place, et seront lus avec une moins honteuse
avidité? — Cela fera-t-il que le plan de campagne
que vous aurez divulgué, que le mouvement ou le
désarmement de troupes que vous aurez fait con-
naître, alors que le secret importait, n'aient plus ni

d'inconvéniens, ni de dangers? — Cela empêchera-
t-il le public de croire, quand on le lui dira en deux
lignes sous forme de nouvelles, que la liberté de la
presse est menacée; qu'il est certain qu'une cama-
rilla nourrit des pensées liberticides; que le château
projette le rétablissement de la garde royale et l'a-
bandon d'Alger, etc. ? — Toute nouvelle, n'eût-elle
qu'une ligne, devra-t-elle porter avec elle la garantie
du nom de son auteur, soit que le journal l'émette
pour la première fois, soit qu'il la reproduise? Toute
omission sera-t-elle une contravention? Toute contravention sera-t-elle punie? Voyez donc où vous
conduirait cette théorie : un seul numéro de journal
pourrait donner lieu à une accusation de plus de
cent contraventions, en admettant encore que ce ne
fussent pas des délits.

Sans doute, la signature des articles par leurs
auteurs serait une importante amélioration; il faut
souhaiter qu'elle entre dans nos mœurs, mais il ne
faut pas songer à en faire une obligation légale.
Comme système de presse, cette idée ne supporte
pas l'examen.

Impunité. — Répression. Le premier de ces deux
systèmes est celui des libéraux dans l'opposition;
le second est celui des libéraux dans le gouvernement; l'un consiste à affirmer avec M. Benjamin
Constant que l'impunité systématique est le plus sûr
moyen d'ôter aux attaques injustes et violentes du

journalisme la puissance de nuire, parce qu'elles excitent alors les défiances et les sévérités de l'opinion publique, également ennemie de l'arbitraire et de l'anarchie; l'autre consiste à prétendre avec M. Guizot que les excès de la presse ne sauraient être trop activement poursuivis, trop sévèrement punis.

De ces deux systèmes, quel est le bon, quel est le meilleur? — Avant de répondre à cette question, il faut d'abord savoir à quel but on tend. — Veut-on que la liberté de la presse, perdant son nom pour prendre celui de licence, inquiète tous les esprits éclairés, tous les intérêts légitimes, achève de se déconsidérer, perde tout crédit, toute influence? sans aucun doute, des deux systèmes, l'impunité légale serait le meilleur, si au-dessous des classes éclairées, des classes supérieure et moyenne, il n'y avait pas une autre classe sans lumières, qui a des besoins impérieux et des passions ardentes, qu'il est conséquemment facile d'égarer, qui est hors d'état de discerner dans un article ce qu'il y a d'exagération mêlée à ce qu'il y a de vérité, de juger ce qu'une argumentation peut avoir de spécieux, de découvrir le but que cache souvent une calomnie, de mesurer le mal que peut faire un mensonge, de prévoir enfin les déceptions cruelles qui attendent au jour de l'expérience les théories si séduisantes de liberté sans frein et d'égalité sans limites. Résolvez ce problème, que les journaux ne pourront avoir que des lecteurs éclairés, et nous adopterons volon-

tiers pour doctrine celle que professe l'opposition.

Veut-on au contraire que la liberté de la presse
soit redoutable aux abus du pouvoir et utile au développement de nos libertés, veut-on qu'elle serve à
l'affermissement de nos institutions, à la pacification
des esprits, à la dissolution des partis, au progrès de la
raison publique, à la moralisation du peuple, à la pros-
périté du pays au dedans et à sa prépondérance au dehors; veut-on enfin que la liberté de la presse soit fé-
conde, puissante et respectée? il est alors nécessaire
que tous ses écarts soient sévèrement réprimés, que
tous ses excès soient justement punis. Contenir la
presse dans de fortes digues, c'est la forcer de se
creuser un lit, c'est changer le torrent indomptable
qui dévaste en un fleuve navigable qui porte la ri-
chesse sur toute la ligne qu'il parcourt.

Mais pour réformer la presse, il ne suffit pas de
la poursuivre et de la punir. Le juge qui accomplit
ses devoirs ne dispense pas le législateur de remplir
les siens. Cette conclusion nous ramène naturellement à la question de savoir ce qui reste à faire au
gouvernement et aux chambres législatives pour
amender la polémique au moyen de la publicité, et
donner satisfaction, nous ne disons pas à la proposition, mais à la protestation de M. de Golbéry.

Les allocations que la chambre des pairs et la
chambre des députés consacrent chaque année à
l'impression des procès-verbaux de leurs séances,

des rapports et des discours de leurs membres, dé-
passent deux cent cinquante mille francs.

L'une et l'autre chambre ont un traité conclu
avec les propriétaires du *Moniteur universel*, à qui
elles paient, pour la reproduction des discours et
des rapports de leurs membres, une somme qui a
pour base le nombre de colonnes qu'occupent ces
discours et ces rapports.

En outre, la chambre des pairs et la chambre des
députés publient à part, format in-8°, les procès-
verbaux de leurs séances, les rapports de leurs
commissions, les projets de lois, les exposés
de motifs et les autres communications du gouvernement. A notre avis, c'est multiplier sans
utilité les impressions, et gaspiller un argent
qui pourrait être mieux employé. A eux seuls les
procès-verbaux et annexes de la chambre des députés, pour la session 1841, forment neuf forts volumes in-8° !

A quoi servent ces volumes ? — Quel est le pair
de France, quel est le député qui les garde, qui les
consulte ? — A quoi bon imprimer les procès-verbaux des séances ? A quoi servent-ils ? Que contien-
nent-ils ? — *Des analyses de discours sans le nom
des orateurs qui les ont prononcés.* Lorsqu'on a
besoin de se reporter à un de ces discours, est-ce là
qu'on va le rechercher ? Non ; c'est au *Moniteur*
qu'on recourt, et avec raison, puisqu'il n'y a que

lui qui les recueille aussi fidèlement qu'il est possible de l'exiger.

Les deux chambres pourraient donc faire, l'une et l'autre, sans inconvénient aucun, l'économie de l'impression de leurs procès-verbaux. Ces volumes ne sont bons à rien qu'à être vendus au poids : c'est ce que font, pour s'en débarrasser, à peu près tous les pairs et les députés. Notez que ces volumes ne sont généralement imprimés qu'après la session, et conséquemment distribués qu'à la session suivante.

A l'égard de ces impressions, il y aurait quelque chose d'infiniment simple à faire : ce serait de conclure, avec les propriétaires du *Moniteur*, un traité par lequel ils s'engageraient à faire, aussitôt après le tirage de leur feuille, un remaniement in-8° (sans rien changer à la justification des colonnes) des projets de lois, des exposés de motifs et des rapports déposés la veille sur le bureau. De la sorte, les communications du gouvernement, qui sont aujourd'hui composées TROIS FOIS : premièrement, par l'imprimerie du *Moniteur*; deuxièmement, par l'imprimeur de la chambre des pairs; troisièmement, par l'imprimeur de la chambre des députés, ne seraient plus composées qu'une seule fois. Les chambres ne gagneraient pas seulement à cet arrangement une économie d'argent, mais encore une économie de temps, car il arrive très-souvent que le *Moniteur* publie le lendemain matin des communications et des rapports qui ont été lus la veille à la tribune, et qui ne sont distribués que plusieurs jours après, soit aux pairs, soit aux députés. La valeur de ces impressions, par la différence des caractères employés, serait considérablement réduite. On pourrait alors en faire collection, ce qui est matériellement impossible aujourd'hui. Composées telles qu'elles le sont en gros caractères, ces impressions, au bout de quelques années, produisent une telle masse de *distributions* (1) que l'appartement le plus vaste en est vite encombré. Ajoutez, enfin, qu'il y aurait plus d'unité. — Mais ceci ne serait qu'une amélioration typographique, et nous avons à proposer une innovation qui, nous le croyons, ne serait pas sans importance. La voici :

Le *Moniteur*, avons-nous dit, publie littéralement tous les discours de MM. les pairs et les députés ; rien ne serait plus facile que d'en faire un remaniement in-8°, ainsi que cela a lieu déjà toutes les fois qu'un pair ou qu'un député demande au *Moniteur* un tirage à part de son discours.

Ce remaniement typographique, si facile à opérer, présenterait les deux avantages suivans :

Premièrement, les projets de lois, rapports et discours pourraient être méthodiquement réunis par ORDRE DE MATIÈRES ;

Deuxièmement, les rapports et discours pourraient être réunis par NOMS D'AUTEURS.

(1) Terme qui sert à désigner les imprimés que les chambres font distribuer à leurs membres.

En d'autres termes, au moyen de ce remaniement, si l'on voulait, par exemple, prendre connaissance de tout ce qui s'est dit ou lu à la tribune
sur le budget ou sur les chemins de fer, on n'aurait
qu'à demander les volumes intitulés : BUDGETS OU
CHEMINS DE FER. Si, au lieu de cela, on voulait seulement parcourir tous les projets de lois, rapports et
discours auxquels des hommes tels que M. le duc
de Broglie ou M. Thiers ont attaché leurs noms,
soit en qualité de pairs de France, soit en qualité
de députés et de ministres, on n'aurait qu'à demander les volumes intitulés : DISCOURS, RAPPORTS, ETC.,
DE M. LE DUC DE BROGLIE, ou bien ceux intitulés :
DISCOURS, RAPPORTS, ETC., DE M. THIERS (1).

Les résultats de cette classification seraient de

(1) Les chambres, si elles le voulaient, pourraient même étendre ce
classement sans qu'il en résultât pour leur budget aucune augmentation
de dépenses ; ainsi, elles pourraient porter à huit le nombre de ces col-
lections :

1° Collection de tous les projets de loi présentés par le gouvernement,
et adoptés par les deux chambres ;

2° Collection de tous les projets de loi adoptés seulement par la chambre des pairs ;

3° Collection de tous les projets de loi adoptés seulement par la chambre des députés ;

4° Collection de toutes les propositions faites par MM. les pairs, en
vertu d'initiative consacrée par l'art. 15 de la charte ;

5° Collection de toutes les propositions faites par MM. les députés,
en vertu du même droit ;

6° Collection de tous les projets de loi, rapports et discours par spécialité de matière ;

7° Collection de tous les discours et rapports de M....., pair de France.

8° Collection de tous les discours et rapports de M....., député.

rendre les recherches moins pénibles et les orateurs plus réservés, par suite de la crainte salutaire
qu'ils auraient d'être pris en flagrant délit de con-
tradiction, d'inconséquence, de versatilité. Aussi,
avant de se hasarder dans une discussion importante,
tout orateur ne tarderait-il pas à prendre l'habitude
de commencer par s'assurer de ce qu'il aurait déjà
dit sur le même sujet. Les discussions y gagneraient
certainement d'être plus consciencieuses, moins su-
perficielles et moins prolixes. Quiconque a fait dans
le *Moniteur* des recherches du genre de celles dont
il vient d'être parlé, sait le temps qu'elles prennent,
la patience qu'elles exigent, et surtout la fatigue
que causent la nécessité de se pencher sur de grands
volumes in-folio et la difficulté de lire de longues
colonnes compactes; aussi peu de personnes ont-
elles aujourd'hui ce courage. Au lieu de cela, imaginez donc la conversion du *Moniteur* (après avoir
paru quotidiennement comme journal in-folio) en
volumes in-8°, munis de tables chronologiques et
systématiques; ce qui permettrait à tout ministre,
tout pair de France, tout député, d'avoir ainsi dans
sa bibliothèque la collection de ce qu'il pourrait
appeler ses œuvres parlementaires. Une seule composition suffirait pour obtenir ce triple résultat,
qu'aujourd'hui trois compositions différentes ne
donnent pas.

Ajoutez que lorsqu'un pair ou un député s'adresse
au *Moniteur* pour avoir un tirage à part in-8° du

discours qu'il a prononcé, il a les frais du remaniement à payer, dont il n'aurait plus alors à subir la
dépense. Il ne serait plus tenu qu'au remboursement
des frais de papier et de tirage, frais qui pourraient
être tarifés à 4 centimes par feuille de seize pages.
La moyenne d'un discours est tout au plus d'une
feuille : donc, un pair ou un député, dont les amis
ou les électeurs seraient au nombre de cinq cents,
n'aurait désormais à payer que 20 francs pour le
tirage, à ce nombre, de son discours. La chambre
des pairs et la chambre des députés, chacune en ce
qui concernerait ses membres, pourraient d'ailleurs
prendre à leur charge cette faible dépense. Ce serait de l'argent mieux employé que celui qu'elles
gaspillent aujourd'hui en impressions de procès-
verbaux.

Mais quelque importantes que puissent être ces
améliorations, elles sont étrangères à la proposition
de M. de Golbéry, et fussent-elles réalisées, elles
ne remédieraient pas à l'inexactitude avec laquelle
les journaux rendent compte des débats législatifs.
Or, c'est de cette inexactitude qu'il s'agit ; c'est
d'elle aussi que nous allons maintenant nous occuper.— Cherchons-en donc les causes, afin de trouver les moyens de la faire cesser.

Si les journaux français ne rendent compte que
d'une manière si incomplète, si imparfaite, des
séances législatives ; si à cet égard les journaux
anglais ont sur les nôtres une supériorité si m-r-

quée (1), n'en accusez pas la partialité de l'esprit de parti, mais l'absurdité du régime fiscal sous lequel vous avez placé la presse assujettie au timbre. Ce

(1) Voici quelques détails sur l'importance que les journaux de Londres accordent à cette partie de leur rédaction :

« Avant les guerres de la révolution, les journaux ne donnaient qu'un résumé fort abrégé des séances parlementaires. L'éditeur de *Junius*, Woodfall, essaya de remplir cette lacune ; la tâche qu'il entreprenait était vraiment athlétique. Il assistait aux séances, et, au moyen de quelques notes, en employant les maigres documens qne renfermaient les journaux du matin, il se trouvait à même de publier vers les quatre heures un compte-rendu de la séance. Tout cela était encore extrêmement inexact. Il saisissait assez bien les mouvemens oratoires ; sa mémoire lui rappelait les traits principaux et les grandes divisions d'un discours ; mais on ne connaissait, en le lisant, ni le mouvement général des affaires, ni les mille détails curieux dont se compose une séance parlementaire.

» Le système actuel est l'œuvre de M. Perry, rédacteur en chef du *Morning Chronicle*. Aujourd'hui tous les journaux de quelque valeur emploient de dix à quatorze personnes à cet usage : ce sont les *reporters*. Chacun d'eux passe trois quarts d'heure ou une heure dans la galerie de la chambre des communes ou dans celle de la chambre des pairs, après quoi son confrère vient le remplacer. Le *reporter* sorti de la chambre consulte ses notes, et écrit aussitôt les discours qu'il vient d'entendre et qu'une mémoire exercée lui permet de reproduire presque mot pour mot. La sténographie, que l'on a essayé d'employer, est depuis long-temps tombée dans le discrédit. Il est rare que le sténographe habile joigne au talent qu'il possède d'autres facultés plus nécessaires ; trop souvent la partie matérielle de l'œuvre qu'il exécute l'absorbe et l'envahit. Il accorde peu d'attention à la série des argumens que les orateurs emploient ; il ne s'occupe que de son affaire ; il est sténographe avant tout. Ces traits et ces lignes qui, par la suppression d'une voyelle, lui offrent d'une manière indistincte et vague le souvenir lointain des périodes reproduites, mais non écoutées par lui, usurpent invinciblement son attention. Rarement sait-il supprimer une répétition oiseuse, et donner le sens des épithètes et des substantifs parasites qu'un improvisateur accun'est pas une question d'opinion, c'est une question de format. La question n'est pas politique, mais exclusivement matérielle. En Angleterre, le droit

mule en cherchant sa pensée. Enfin, c'est moins un copiste intelligent qu'une machine plus ou moins parfaite. La plupart des *reporters* ont renoncé à la sténographie ; mais, quand à l'intelligence et à la capacité nécessaires on joint la faculté de sténographier de temps en temps les passages vraiment remarquables, on arrive à une grande supériorité.

» C'est au moyen de la division du travail que l'on a obtenu ces résultats. Après avoir écouté un discours d'une heure, le *reporter* s'enferme et en passe deux à rédiger ce qu'il a entendu. Le grand nombre de personnes ainsi employées, et l'habitude qu'elles ont de ce travail, permettent de tirer et de publier à sept ou huit heures du matin les débats d'une séance qui s'est prolongée jusqu'à deux ou trois heures. *La précipitation ne nuit en rien à l'exactitude. Non-seulement chaque discours est correctement reproduit, mais tous les incidens de la séance se trouvent notés avec soin ; on y ajoute même des citations et des observations curieuses empruntées aux antécédens parlementaires.* Les améliorations matérielles de l'industrie ont beaucoup contribué à ces étonnantes conquêtes.

» La publication des débats est interdite sous des peines graves ; toutefois, sans avoir jamais révoqué son statut, le parlement fait aux journalistes des priviléges et des facilités qui se trouvent en contravention directe et incessante avec le texte de la loi. Ils entrent par une porte particulière dans la galerie réservée au public ; et lorsque la foule est obligée de sortir, il leur est permis de rester à leur place. Il est vrai que la situation de cette galerie est si incommode et si éloignée des bancs des orateurs, que souvent la voix faible de quelques-uns d'entre eux n'arrive pas jusqu'aux journalistes.

» Les *reporters* formant une classe d'hommes à part qui n'est inféodée à aucune opinion, mais dont l'influence et la considération dépendent du degré d'exactitude avec lequel ils s'acquittent de leur travail, ont intérêt à ce que leurs comptes rendus donnent une copie fidèle de la situation des chambres. ILS ONT UN ESPRIT DE CORPS, ILS SE RESPECTENT ; ET COMME ILS PEUVENT PASSER D'UN JOURNAL A L'AUTRE, ILS NE S'ATTACHENT de timbre est fixe ; en France, il est proportionnel ; il varie de 3 à 6 centimes, selon que le format du journal est au-dessous de quinze décimètres ou au-dessus de trente ; c'est-à-dire que la loi a fait justement l'opposé de ce que voulait la raison. On dirait vraiment que la raison et le fisc s'excluent et sont inconciliables. Au lieu de mettre un obstacle à l'extension du format des journaux, on aurait dû tout faire, au contraire, pour la favoriser, car cette extension, ainsi que nous l'avons déjà tant de fois péremptoirement démontré, aurait eu pour effet certain de rendre l'impartialité matériellement plus facile et moralement plus rigoureuse. Mais en fait d'impôts, nous sommes encore dans l'enfance ; nous n'y voyons jamais qu'un moyen d'emplir le trésor ; nous ne savons nous en servir ni comme frein, ni comme éperon.

Messieurs les pairs et messieurs les députés, si les journaux tronquent vos discours, s'ils n'en donnent

SPÉCIALEMENT A AUCUN PARTI. *Jamais rédacteur en chef de journal ne demande à son reporter aucune sympathie d'opinion politique. Comme toute infidélité commise par un des membres de cette espèce d'association porte atteinte à l'estime dont le corps entier veut jouir, ils ont en horreur les altérations, les interpolations, les suppressions, dont la partialité des journaux français a fait une habitude.* Fatigués d'ailleurs de ces logomachies politiques dont ils fatiguent eux-mêmes le public, ils ne prennent aucun intérêt au triomphe et à la défaite des torys et des wighs. Remplir exactement et consciencieusement leur tâche, c'est tout ce qu'ils veulent et prétendent.

» Les comptes rendus des séances parlementaires coûtent à chacun des journaux du matin plus de 3,000 liv. st. par an. (75,000 fr.) »]

que des extraits, que des résumés, n'en accusez que vous-mêmes, n'en accusez que les lois que vous avez votées. Rendez aux journaux la liberté de s'agrandir ; ajtes plus, sachez faire habilement de cette liberté une nécessité, abolissez le timbre auquel les *imprimés* sont assujettis, et alors seulement vos plaintes seront légitimes, si, contre toute probabilité, elles ont encore des motifs de s'exercer ; mais elles n'en auront plus, car il n'y a pas un journal, quelque passionné qu'il soit dans sa POLÉMIQUE, qui ne tienne à l'honneur d'être fidèle dans sa PUBLICITÉ. Alors les journaux français n'auront plus rien à craindre sous ce rapport de la comparaison avec les journaux anglais.

L'objection principale qu'on fait à l'abolition de l'impôt du timbre sur les imprimés n'est pas tirée du préjudice qu'en éprouverait le trésor public, mais du danger qu'il y aurait premièrement à rendre plus facile la création de nouveaux journaux ; deuxièmement, à donner à ceux qui existent le moyen d'abaisser leur prix, c'est-à-dire de se mettre à la portée d'un plus grand nombre de lecteurs, et conséquemment d'accroître encore ainsi leur influence, au lieu de la diminuer.

Cette objection est une objection superficielle, qui n'est puisée ni dans la nature, ni dans l'étude approfondie des choses. Nous l'avons déjà réfutée ailleurs sans réplique ; nous n'y répondrons donc ici que très-sommairement.

Non : ce qui met un obstacle , presque insurmontable aujourd'hui , à la création de nouveaux journaux politiques quotidiens , ce ne sont pas les frais de timbre , ce sont les frais de composition et de rédaction.

La composition d'un journal (1) coûte par jour . . . . 100 fr.

La rédaction. 200

Total par jour. . . . . . 300 fr.

Soit 109,500 fr. par année , sans y comprendre les frais d'administration , d'établissement et de propagation ; ce qui porte le tout , au moins , à 120,000 fr.

Le véritable obstacle , le voici : — c'est que pour mettre un nouveau journal à même d'essayer de lutter quelque peu sérieusement contre la difficulté de faire mieux , ou même autrement que les journaux établis , qui jouissent d'une sorte de monopole de fait , il faut avoir , indépendamment des 100,000 fr. de cautionnement exigés par la loi , un capital social d'au moins 500,000 fr.

Un journal se fonde :

S'il ne vient pas d'abonnés, il n'y a ni frais de timbre ni frais de poste à payer ;

S'il vient des abonnés, ces frais, qui sont pour le timbre de 18 fr. par an , et pour la poste de 14 fr., sont prélevés sur le produit de l'abonnement ;

____

(1) Format de 30 décimètres carrés.

Donc, si un journal ne reçoit rien, il ne paie rien au fisc. Mais il n'en est pas ainsi des frais de composition, de rédaction, de loyer et d'administration ; il faut toujours les payer, il faut toujours en avoir l'argent en avance dans sa caisse, le journal n'eût-il qu'UN SEUL ABONNÉ.

Que, par suite de l'abolition du timbre, les journaux soient moralement obligés de doubler leur format, et ces dépenses qui ne s'élèvent aujourd'hui qu'à 120,000 francs environ dépasseront 200,000 francs ! Ainsi, la suppression du timbre, loin de favoriser la création de nouveaux journaux, la rendrait au contraire plus difficile, car au lieu d'un capital social de 5oo,ooo fr., il en faudrait alors certainement un d'un million. Voyez ce qui s'est passé à Londres lors de la réduction du timbre, qui était de 70 cent. par feuille, à 1o cent. seulement : on pensait qu'il allait paraître tout de suite un grand nombre de feuilles nouvelles ; une seule fut publiée, s'appelant le *Constitutionnel*, qui a coûté de grosses sommes à ses éditeurs et n'a vécu que peu de temps. Retenez donc bien ceci : ce ne sont pas les journaux qui *font l'avance* des frais de timbre et de poste, ce sont les abonnés.

Maintenant, examinons ce qu'il y aurait de fondé dans la crainte que l'abolition du timbre n'eût pour effet l'abaissement du prix des journaux, et que cet abaissement de prix n'eût pour résultat d'en faire

descendre encore la lecture , si la loi qui prononce-
rait cette suppression était ainsi conçue :

Art. 1er.

Les droits de timbre sur les journaux et leurs supplémens,
écrits périodiques, prospectus, affiches et tous avis imprimés, sont abolis.

Art. 2.

Les journaux seront tenus d'insérer en leur entier le
texte et l'exposé des motifs des projets de lois présentés aux
chambres, ainsi que les rapports auxquels ces projets auront
donné lieu et qui auront été déposés sur la tribune législative. Cette insertion devra précéder le jour de la discussion
publique.

Art. 3.

Il est interdit aux journaux et écrits périodiques :

§ 1er. D'abréger ni tronquer, soit par voie d'analyse, d'extraits ou autrement, les discours prononcés à la tribune législative. Ou ces journaux n'en devront rendre absolument
aucun compte, ou le compte qu'ils en rendront devra être entièrement conforme à l'une des deux rédactions qui aura été
faite par les RÉDACTEURS ASSERMENTÉS admis à cet effet, la
première de ces rédactions textuelle (1) , la deuxième réduite
en moyenne (2) aux proportions de six colonnes d'une feuille
de cinquante décimètres carrés.

§ 2. De rendre aucun compte sans l'autorisation des chambres, ou de l'une d'elles , soit de leurs séances secrètes , soit
des discussions qui ont eu lieu dans l'intérieur de leurs bureaux
ou de leurs commissions.

(1) Qui serait celle destinée au *Moniteur universel.*

(2) Qui serait celle du journal semi-officiel du soir , dont il a été
parlé page 40.

§ 3. De publier les noms des votans pour ou contre, dans tous les cas où le vote aura eu lieu au scrutin secret.

§ 4. De publier aucun acte de procédure ou d'instruction; d'abréger ni tronquer par voie d'analyse, d'extraits ou autrement, les interrogatoires, dépositions, débats, réquisitoires du ministère public et plaidoiries entendus devant une cour ou un tribunal du royaume, et dont la cour ou le tribunal n'aura pas interdit la publicité par la voie des journaux assujettis au dépôt d'un cautionnement. Ou les journaux et écrits périodiques n'en devront rendre absolument aucun compte, ou le compte qu'ils en rendront devra porter la signature d'un rédacteur assermenté.

§ 5. D'imprimer aucune lettre non tombée dans le domaine de la publicité sans l'assentiment préalable et par écrit du signataire.

§ 6. D'indiquer les mouvemens des armées françaises de terre et de mer avant qu'ils aient été rendus publics dans le journal officiel du gouvernement.

Art. 4.

Nul ne sera admis à rendre compte soit des séances législatives, soit des audiences judiciaires, s'il n'a prêté serment entre les mains du président, soit de l'une des chambres législatives, soit de la cour, soit du tribunal, ou s'il a déjà encouru une condamnation pour infidélité ou mauvaise foi de compte-rendu, aux termes de l'art. 7 de la loi du 25 mars 1822.

Art. 5.

Toute infraction aux dispositions qui précèdent sera punie des peines portées par l'article 10 de la loi du 9 sept. 1835.

Quel serait l'effet d'une telle loi, dont certes nous n'avons pas la prétention de donner la lettre, mais seulement l'esprit?

5.

Tous les journaux quotidiens de Paris seraient mis indirectement ainsi dans la nécessité de doubler au moins leur format.

Les journaux qui ne coûtent que 48 fr. et qui sont prospères pourraient subir l'accroissement de dépense qui résulterait de l'agrandissement du format sans augmenter leur prix.

Les journaux qui coûtent encore 80 fr. seraient probablement contraints, par la force des choses, de réduire à 60 fr. le prix de leur abonnement, puisqu'ils seraient dégrevés de 18 fr. par l'effet de l'abolition du timbre. Voilà tout.

Cet abaissement de prix serait sans danger, sans inconvénient aucun, puisqu'il existe déjà des journaux qui coûtent moins de 60 fr.

Le but de la proposition de M. de Golbéry serait ainsi atteint, sans désorganisation portée dans le service de l'administration des postes. Cette fois enfin, la législation qui régit le journalisme aurait fait un pas dans la voie du progrès.

Les journaux pourraient alors donner plus d'étendue, plus de développemens à leurs articles; leurs articles ne feraient qu'y gagner en gravité, ils formeraient des lecteurs moins superficiels. La presse étrangère abonde en documens instructifs, intéressans, curieux, que le défaut d'espace oblige les journaux français de passer sous silence; ils pourraient les recueillir. Ne nous lassons pas de répéter ce que nous avons dit déjà : « L'impartialité veut de l'espace, et l'espace lui manque dans les journaux. »

Tels sont très-sommairement nos motifs, — motifs puisés dans l'intérêt du gouvernement et de la société, — pour insister comme nous le faisons sur la nécessité de l'abolition du timbre ; de préférence à l'adoption de toute autre disposition.

L'institution légale de rédacteurs assermentés près les chambres législatives, les cours royales et les tribunaux, est une idée dont il n'est pas douteux que l'adoption ne fût une importante amélioration de ce qui existe.

Si, dans la manière dont les journaux rendent actuellement compte des débats législatifs et judiciaires, l'esprit de parti se laisse apercevoir aussi bien dans ce qu'ils publient que dans ce qu'ils omettent, il ne faut pas s'en étonner : les rédacteurs chargés de ces comptes-rendus ne sont soumis à aucun contrôle, ne sont tenus à donner aucune garantie ni de moralité, ni de capacité, conséquemment d'impartialité ; le premier venu a, sous le prétexte d'abréviation ou d'analyse, le droit de dénaturer, de tronquer votre discours, votre plaidoyer, votre résumé, votre réquisitoire, et il en use souvent jusqu'à ce point de vous faire dire le contraire justement de ce que vous avez dit. Tout journal, étant l'expression d'un parti, de ses préférences, de ses haines, choisit naturellement dans son parti cette sorte de rédacteurs qui sous le nom de *reporters* forment en Angleterre une classe à part, ayant son esprit de corps et son point d'honneur, lequel consiste à ne jamais manquer à la fidélité la plus scrupuleuse, à ne la sacrifier jamais à aucune passion politique, à aucune influence de coterie, à aucune sympathie personnelle. Faites qu'en France il en soit ainsi; faites que les rédacteurs chargés de rendre compte des séances législatives et des débats judiciaires, soient choisis, non plus en raison de leur opinion politique, mais en raison de leur supériorité constatée; faites qu'ils n'appartiennent plus en propre à la rédaction d'un journal, qu'ils ne dépendent plus d'elle uniquement; faites qu'ils relèvent d'une sorte de corporation analogue à celle des avocats, ayant son tableau, sa chambre de discipline; faites qu'ils aient une sorte de caractère officiel, de la nature de celui dont sont revêtus les experts-jurés; faites enfin qu'ils aient une responsabilité qui leur soit personnelle, et la *publicité*, cette grande moitié de la liberté de la presse, que la *polémique* tient asservie, vous devra son émancipation!

L'établissement d'une pareille institution serait un véritable progrès, un véritable bienfait! Tout le monde y gagnerait plus de considération : d'abord, les écrivains dont il est question, ensuite le journalisme, le pouvoir judiciaire, le régime représentatif et le pays. C'est sur nos journaux que l'étranger nous juge! Voilà ce qu'il ne faut pas que nous perdions de vue. Si faible qu'elle soit, toute amélioration apportée dans leur esprit ou dans leur

cadre a donc une importance très-grande, nous pour-
rions presque dire nationale. Ainsi, par exemple,
en Allemagne, où la publicité des débats judiciaires
n'a pas lieu, où la lie repose au fond du vase et n'est
jamais agitée à la surface, c'est sur nos gazettes des
tribunaux, c'est sur cette exploitation quotidienne
de tous les scandales, de tous les crimes, qu'on juge
nos mœurs et notre société ! Aussi en a-t-on l'idée
la plus étrange et la moins favorable. Il y a bien des
batailles perdues qui ont été moins funestes à l'honneur de la France que la publication quotidienne de
nos journaux de tribunaux tels qu'ils sont faits, tels
qu'il n'en existe qu'à Paris. Qu'il y ait dans leurs
comptes-rendus moins d'art, moins d'esprit et plus
de fidélité, et le mal sera moins grand. C'est un des
résultats qu'aurait une bonne institution de rédacteurs assermentés près les chambres législatives, les
cours et les tribunaux. Que tous les esprits sérieux,
que tous les hommes qui se préoccupent de ce que
l'Europe pense de notre pays, s'appliquent donc avec
nous à donner à cette idée la maturité nécessaire à
son adoption.